Stephan Ulrich
Menschen grafisch visualisieren
43 Fragen und Antworten zum Thema
grafische Visualisierung

_____

_____

_____

Reihe
Soft Skills kompakt
Herausgegeben von Stéphane Etrillard
Band 8

Stephan Ulrich (geb. 1974) ist Moderator, Wirtschaftsmediator, Berater, Trainer und Jurist und besitzt umfangreiche Erfahrungen sowohl in der Prozessbegleitung, im Konfliktmanagement, in der Kommunikations- und Organisationsentwicklung, als auch im Training u.a. für die Bereiche Kommunikation, interkulturelle Teamkompetenzen, Teamarchitektur und grafische Visualisierung.

Er entwickelte mit den „Malmann®-Grafikwerkzeugen" ein umfassendes Instrument zur Prozessbegleitung, welches sich in jeder seiner Arbeiten wieder finden lässt und ist Lehrbeauftragter an zahlreichen europäischen Universitäten, u.a. in Frankfurt (Oder), Hamburg, Bukarest, Katowice und Mostar.

Ausführliche Informationen zu jedem unserer lieferbaren und geplanten Bücher finden Sie im Internet unter www.junfermann.de. Dort können Sie auch unseren kostenlosen Mail-**Newsletter** abonnieren und sicherstellen, dass Sie alles Wissenswerte über das **JUNFERMANN**-Programm regelmäßig und aktuell erfahren.

Besuchen Sie auch unsere e-Publishing-Plattform www.active-books.de – sämtliche angebotenen Titel jetzt kostenlos.

Stephan Ulrich

Menschen grafisch visualisieren

43 Fragen und Antworten zum Thema grafische Visualisierung

Junfermann Verlag • Paderborn
2009

© Junfermannsche Verlagsbuchhandlung, Paderborn 2009
Covergestaltung/Reihenentwurf: Christian Tschepp
© Frontcoverfoto: Reinhard Schäfer/FOTOLIA.com

Satz: JUNFERMANN Druck & Service, Paderborn

Bibliografische Information der Deutschen Bibliothek
Die Deutsche Bibliothek verzeichnet diese Publikation in der Deutschen Nationalbibliografie; detaillierte bibliografische Daten sind im Internet über http://dnb.ddb.de abrufbar.

ISBN 978-3-87387-720-7

Inhalt

Einleitung

Die moderne Gesellschaft ist sowohl durch eine steigende Informationsflut wie auch durch zunehmenden Zeitdruck gekennzeichnet. Die konventionelle Textverarbeitung stößt vor allem bei komplexen Strukturen, Sachverhalten und Präsentationen oder auch bei Wissensvermittlung, Prozessbegleitung und Projektarbeit an ihre Grenzen. Das betrifft sowohl Präsenzaktionen als auch die elektronisch gestützte Informationsverarbeitung. Aneinander-Vorbeireden in Konferenzen und der passive Kinoeffekt von Powerpoint-Präsentationen sind klassische Folgen dieser Entwicklung.

Numerische Datenmengen finden sich häufig und übersichtlich geordnet in Diagrammen, Tabellen oder Landkarten wieder. Was aber ist mit nichtnumerischen Datenmengen, Soft Skills und abstrakten Wortschöpfungen? Mittels bildhafter Darstellungen gelingt es häufig besser, Informationen auf ihren wesentlichen Inhalt zu reduzieren und Sachverhalte verständlich zu machen.

Das vorliegende Buch greift sich gezielt eines der flexibelsten visuellen Werkzeuge heraus – die Darstellung des Menschen. Es geht kurz auf die wichtigsten theoretischen Fragestellungen ein und dient primär als visueller Ideenratgeber zur Unterstützung in der prozessbegleitenden Praxis. Neben den zeichnerischen Fähigkeiten eröffnet das Buch dem Nutzer mit rund 350 Einzelzeichnungen eine Vielzahl einfacher Anwendungsmöglichkeiten und Umsetzungsideen.

Das Buch richtet sich vordergründig an Prozessbegleiter in der Organisations- und Kommunikationsentwicklung wie Coaches, Mediatoren, Moderatoren und Unternehmensberater sowie Wissenvermittler wie Dozenten, Trainer und Pädagogen. Schnelles unkompliziertes Nachschlagen ermöglicht eine parallel dem Prozess erfolgende Visualisierung per Hand oder mittels elektronischer Datenverarbeitung.

Komplettiert wird das Buch durch ein effektives Bildverzeichnis mit allen relevanten Abbildungen.

Warum ist das Arbeiten mit Bildern bei der Wissensvermittlung und in der Prozessbegleitung so wertvoll?

Warum erhöht die Betrachtung eines Bildes die Hirnaktivität mehr als das Hören eines Wortes?

Bilder sprechen anders als Worte sowohl das rationelle, als auch das kreative Denkzentrum an mit den Folgen:

⋯⟩ Der Betrachter ist aktiv, nicht passiv.

⋯⟩ Konzentration und Aufmerksamkeit werden gesteigert.

⋯⟩ Kreativität und emotionales Denken werden gefördert.

⋯⟩ Das Bild wird in aller Regel vor allen anderen Dingen wahrgenommen.

⋯⟩ Die Gedächtnisleistung wird um ein Vielfaches erhöht.

⋯⟩ Der visuelle Wahrnehmungskanal ist mit ca. 80 Prozent das mit Abstand wichtigste Lerninstrument des Menschen.

Die emotionale Wirkungsweise bezieht die soziale Intelligenz in den Denkprozess mit ein.

Literaturtipp:

Engelkamp, J.: Gedächtnis für Bilder; in „Bild – Bildwahrnehmung – Bildverarbeitung" (S. 227-242), 2. Auflage. Deutscher Universitätsverlag, Wiesbaden 2004.

Weidenmann, B.: Psychologische Ansätze zur Optimierung des Wissenserwerbs mit Bildern; in „Bild – Bildwahrnehmung – Bildverarbeitung" (S. 243-254), 2. Auflage. Deutscher Universitätsverlag, Wiesbaden 2004.

Warum sind Bilder intellekt- und kulturunabhängig verwendbar?

··⇥ Bildliche Assoziationen verankern zu erwerbendes Wissen schneller und nachhaltiger.

··⇥ Bildhafte Informationsmengen sind komplexer als Wörter und werden mit einem Blick erfasst.

··⇥ Der Betrachter denkt über die visuellen Grenzen des Bildes hinaus.

··⇥ Sprachbarrieren werden durch eine gemeinsame visuelle Sprache überwunden.

Nur Kopf, Arm und Wasserlinie sind sichtbar. Dennoch vervollständigt der Betrachter gedanklich einen Schwimmer.

Piktogramme an Bahnhöfen und Flughäfen helfen über Sprachprobleme hinweg.

Warum steigert das Arbeiten mit Bildern die Gruppendynamik?

··⇥ Bilder beziehen alle Beteiligten aktiv in einen Prozess mit ein.

··⇥ Ideenreichtum und verbaler Austausch werden potenziert.

Kaum jemandem fiele es leicht, sich bei dieser Bild-Text-Kombination mit der Frage nach der Sinnhaftigkeit oder Interpretationsversuchen zurück zu halten.

Warum macht Bildarbeit so viel Spaß?

⋯⟩ Kindheitserinnerungen werden wach gerufen und fördern ein offenes Denken in alle Richtungen.

⋯⟩ Unsere ersten Lernerfahrungen bestehen im Wesentlichen aus visuellen Erinnerungen.

⋯⟩ Bildarbeit ist ein wachsender, positiv in die Zukunft gerichteter Prozess.

Eine derart illustrierte Zielvorgabe motiviert für den Prozess.

Literaturtipp:

Raymond, L.: Reinventing Communication. ASQC Quality Press, Milwaukee 1994.
Tufte, E.R.: Visual Explanations. Graphic Press, Cheshire 1997.

Warum ist die menschliche Abbildung eines der wichtigsten Visualisierungsinstrumente überhaupt?

⋯⃗ Menschliche Darstellungen haben den Vorteil, dass sie die Blicke des Betrachters stärker auf sich ziehen als jede sonstige Abbildung.

Obwohl die Blume viel größer ist, wandert der Blick des Betrachters erst einmal Richtung Männchen.

⋯⃗ Mit Menschen sind Tätigkeiten, Handlungsweisen, Sinnes- und Wahrnehmungskanäle, aber auch abstrakte Begriffe gleichermaßen darstellbar.

Handball spielen   **Auditive Wahrnehmung**   **Balance / Gleichgewicht**

⋯⃗ Die menschliche Abbildung wird interkulturell, anders als etwa bestimmte Gegenstände und Symbole, klar verstanden.

Dieses Symbol könnte in Deutschland problemlos mit dem Wort „Sicherheit" kombiniert werden. In Russland wird die Bedeutung weitaus enger gefasst. Der Gegenstand schützt dort vor dem bösen Blick. In weiten Teilen Afrikas ist er gänzlich unbekannt.

Diese Darstellung erlaubt es allen Menschen gleichermaßen, in Kombination mit dem Begriff „Sicherheit" nachvollziehbare Assoziationen herzustellen.

Literaturtipp:
Müller-Brockmann, J.: Geschichte der visuellen Kommunikation. Hatje Cantz Verlag, Stuttgart 1992.

Wie stelle ich Menschen dar, ohne über zeichnerisches Talent zu verfügen?

 Warum sehen Strichmännchen so dilettantisch aus?

Im dreidimensionalen Raum besteht der Mensch als Volumenkörper. Die Darstellung im zweidimensionalen Raum etwa auf Fotos und Zeichnungen wird dann als Fläche sichtbar.

Die einzige flächige Darstellung beim Strichmännchen ist der Kopf. Alles Übrige reduziert sich auf die Eindimensionalität.

Wird neben dem Kopf der ganze Körper als Fläche dargestellt, wirkt die Figur sehr viel professioneller.

 Was ist ein Sternmännchen und was sind die Vorteile dieser menschlichen Abbildungsform?

Besonders gut geeignet ist die Darstellung eines Männchens, welches auf der geometrischen Grundfigur eines 5-zackigen Sterns basiert, also einer flächigen Figur.

Das geometrische Grundprinzip ist relativ einfach, auch für den künstlerischen Laien gut nachvollziehbar und dadurch leicht umzusetzen.

Darüber hinaus verzeiht die Grundform leichte anatomische Abweichungen und kaschiert die sonst so schwierigen Körperproportionen. Dadurch ist die Figur immer neutral genug, um niemanden zu karikieren. So können in persona Teammitglieder, Kunden oder Hierarchien dargestellt werden.

Wie zeichne ich Schritt für Schritt ein Sternmännchen?

Schritt 1

Schritt 2

Schritt 3

Schritt 4

Schritt 5

Schritt 6

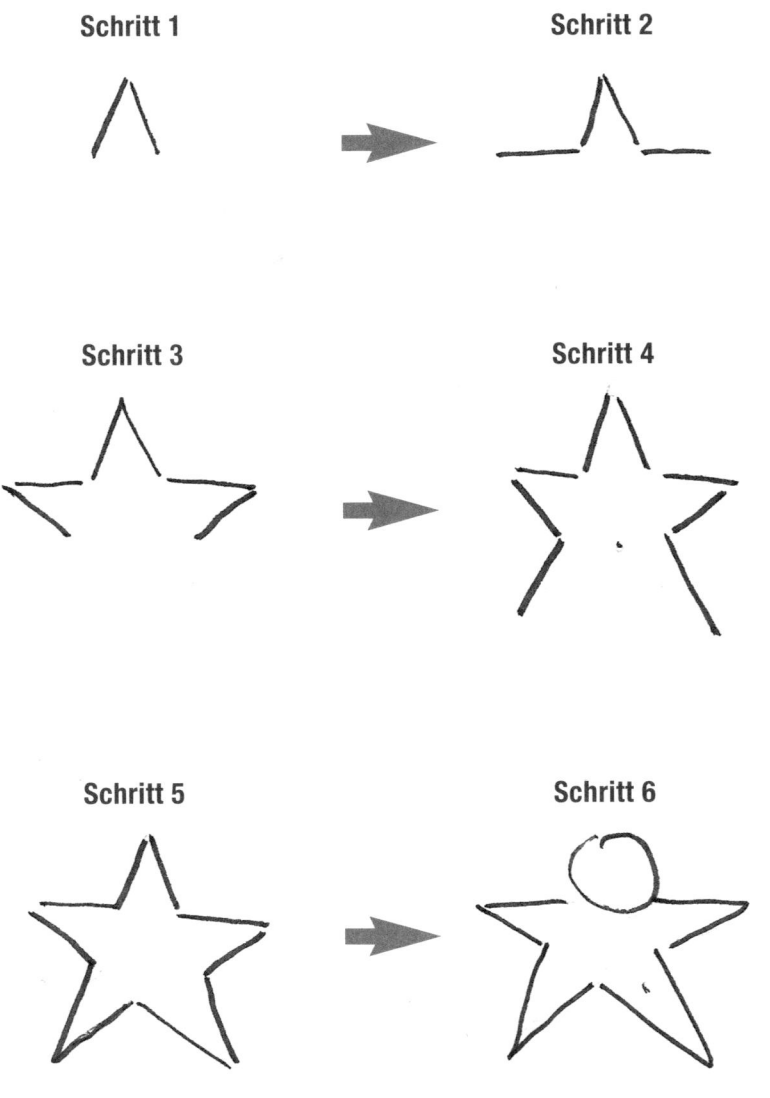

Wie erreiche ich Lebendigkeit und Ausdruckskraft?

Durch **Zerren**, **Ziehen** und **Biegen** der Gliedmaßen kann ein spezieller Fokus gelegt werden. Hinzu tritt ein Ausdruck von Individualität und Lebendigkeit.

| Schmal | Breit | Gebogen |

| Beinlastig | Armlastig | Abgerundet |

Praxistipp: Der Mut zum „Vermalen" erzeugt häufig neue Sichtweisen und individuelle Prägung. Es lohnt sich daher mit der Grundform viel zu experimentieren.

Meist muss dafür nicht zwangsläufig zusätzliche Arbeitszeit aufgewendet werden. Es reicht schon, wenn beim Telefonieren statt der häufig gesehenen Kästchenornamentik Männchen gezeichnet werden. Gleiches gilt für weniger spannende Besprechungen oder die Freizeitgestaltung mit Kindern.

Um die Bandbreite und Flexibilität dieses Männchentyps kennen zu lernen und sich besser mit der Grundform vertraut zu machen, empfiehlt es sich einige Formexperimente zu Übungszwecken durchzuführen. Veränderung von Richtung, Länge und Lage der Gliedmaßen stehen dabei im Vordergrund.

Nur durch **Veränderung der Arm- und Beinausrichtung** gelingen völlig neue Abbildungen mit unterschiedlichen Funktionen, Tempi und Ausstrahlungen.

Diagonal	**Nach vorn**	**Nach oben**
Nach unten	**Zur Seite**	**Nach hinten**

Durch **Knicken** der Gliedmaßen werden die Männchen zur Aktion gezwungen. Visuell wird so das Knie- und Ellenbogengelenk mit einbezogen. Eine Unzahl von menschlichen Bewegungsabläufen ist damit darstellbar.

Zeigen	**Erklären**	**Anweisen**
Tanzen	**Balancieren**	**Flüchten**

Praxistipp: Um neue Anregungen für Bewegungsstudien zu bekommen, lohnt es sich in Comics und Kinderbüchern zu stöbern. Piktogramme an Flughäfen und Bahnhöfen sind ebenfalls hervorragende Ideengeber.

Hilfreich ist auch das Studium von Bewegungsabläufen vor dem Spiegel oder mittels der aus dem Kunstunterricht bekannten Gliederpuppen.

Durch **Abstrahieren** der Männchenform kann ein eigener Stil entwickelt und die Zeichnung zusätzlich vereinfacht werden. Es lohnt sich etwas Zeit in Experimente zu stecken, um eine Individualität der eigenen Zeichnungen zu erreichen. In Werbung, öffentlichen Beschilderungen und auch in der modernen Prozessbegleitung haben sich bereits verschiedene menschliche Abstraktionen als praktikable Visualisierungsinstrumente etabliert wie die nachfolgenden Beispiele zeigen.

Toilettenbeschilderung

Spielfigur

Kreuzmännchen

Erweitertes Strichmännchen

Breitstrichmännchen

Linienmännchen

Wie stelle ich Aktivität dar?

Wenn die Gliedmaßen in verschiedene Richtungen gezogen werden, kann das Männchen Einblick in den momentanen Erregungszustand des Abgebildeten geben.

Abwehr	Jubeln	Verhalten
Aufregung	Ausgelassen	Ruhe

Praxistipp: Zu Übungszwecken sollte viel ausprobiert werden – auch mit dem Ziel sich absichtlich zu vermalen. Nicht selten ergeben sich auf diese Weise neben dem Trainingseffekt neue Körperhaltungen und Stimmungen.

Großformatiges Üben, etwa auf Flipchartpapier, bringt im Ergebnis mehr. Es ist immer leichter, vom großen ins kleine Format zu wechseln als umgekehrt. Wer häufig Medien wie Flipchart oder Pinnwand einsetzt, sollte bereits die ersten Versuche im Großformat probieren.

Wie stelle ich Emotionen dar?

Um die emotionale Verfassung des Männchens noch präziser darstellen zu können, kann mit einem möglichst nur winzigen Strich ein Mund angedeutet werden. So können insbesondere positive und negative Empfindungen durch Hoch- oder Herunterziehen des Mundwinkels auf den Punkt gebracht werden.

In Kombination mit der Ausrichtung der Gliedmaßen kann zusätzlich der Grad der Erregung dargestellt werden.

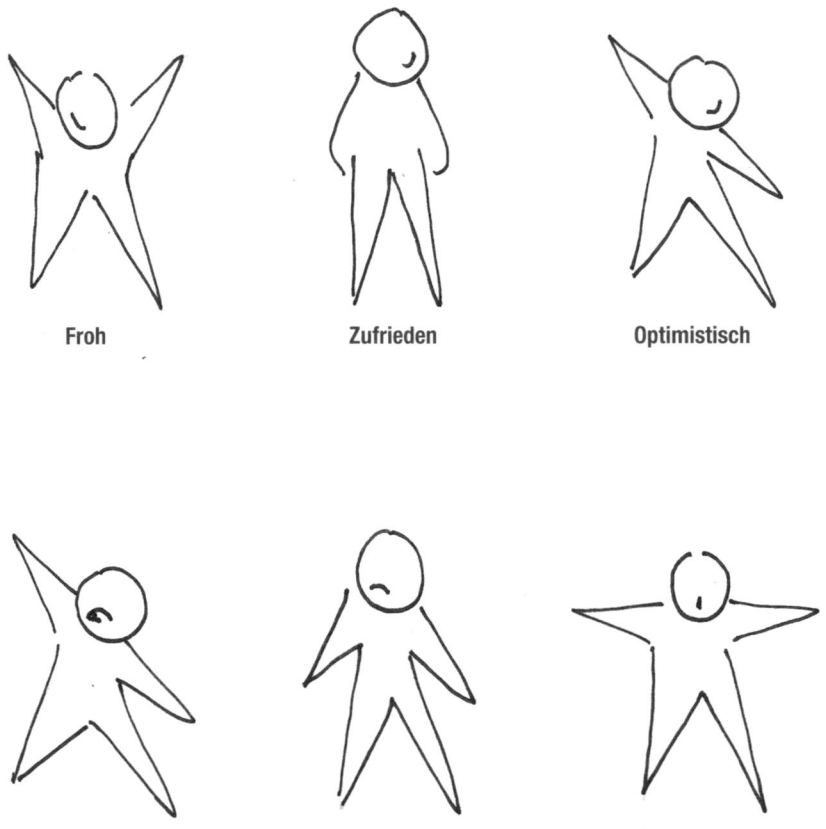

| Froh | Zufrieden | Optimistisch |

| Verärgert | Traurig | Überrascht |

Praxistipp: Der Mund sollte grundsätzlich das einzige physiognomische Merkmal sein. Das Männchen würde sonst zu kleinteilig und die Neutralität ginge verloren.

Eine weitere Möglichkeit, die Emotionalität eines Männchens auszudrücken, gelingt durch die Kombination mit charakteristischen Symbolen. Wer kennt nicht den berühmten Knochenkopf in Gedankenblasen, auf Tinkturfläschchen und Piratenkopfbedeckungen.

Praxistipp: Emotionale Symbolik findet sich in großer Vielfalt in Comic-Heften.

Wie kann ich Menschen von der Seite darstellen?

Die Seitenansicht bietet viele Vorteile. Neben Seitwärtsbewegungen und Richtungsangaben können zwei zueinander gerichtete Männchen viel besser in Interaktion treten und eröffnen auf diese Weise vielschichtige Perspektiven in den Bereichen Kommunikation, Zusammenarbeit und Teamentwicklung.

Zeichnerisch ist die Umsetzung nicht schwieriger, lediglich die ursprüngliche Sternenform wird aufgelöst.

Schritt 1   **Schritt 2**

Schritt 3

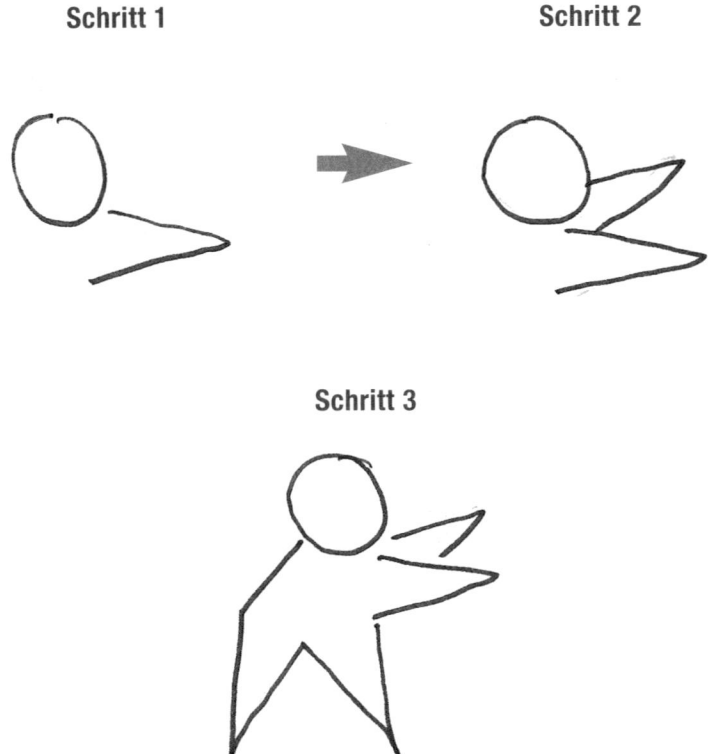

Wird die Seitenansicht mit dem Knicken der Extremitäten kombiniert, dann entstehen völlig neue Dynamiken und zielgerichtete Bewegungen.

Erklären   Halten

Zeigen   Laufen

Werfen   Fangen

Wie kann ich Menschen im Sitzen darstellen?

Um eine sitzende Haltung zu erzeugen, eignet sich die Seitenansicht des Männchens sehr gut als Grundlage.

Sinnvolle Einsatzfelder der Seitenansicht sind das Visualisieren von Trainings- und Prozessgeschehen sowie Beziehungsfelder.

Schritt 1   **Schritt 2**   **Schritt 3**

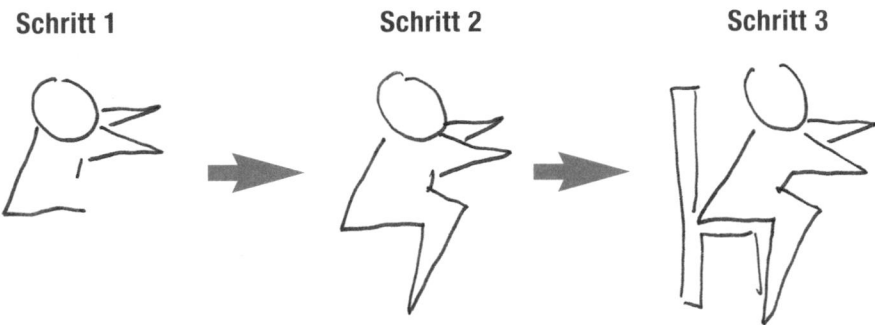

Praxistipp: Um das sitzende Männchen nicht im luftleeren Raum hängen zu lassen, ist es notwendig, eine Sitzfläche zumindest anzudeuten. Stühle und Hocker besitzen in der zweidimensionalen Seitenansicht eine sehr einfache geometrische Grundform. Auch die Bestuhlung sollte stets flächig dargestellt werden, um den zweidimensionalen Effekt zu erhalten.

Von einer dreidimensionalen Darstellung ist hingegen abzuraten. Neben häufig unbefriedigenden Ergebnissen in der 3. Dimension, kosten solche Darstellungen in der Praxis auch viel zu viel Zeit und Aufmerksamkeit.

Die sitzende Seitenansicht hat den Vorteil, dass lediglich die Armstellung verändert werden muss, um den darzustellenden Ausdruck zu ändern.

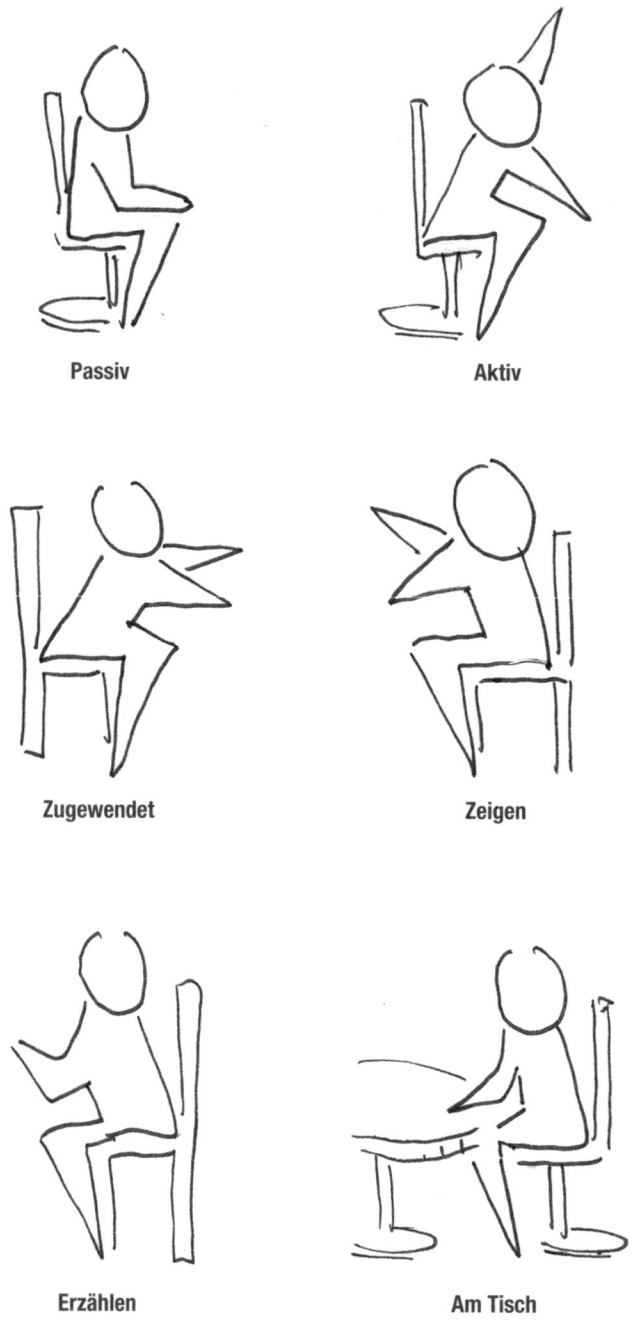

Passiv   Aktiv

Zugewendet   Zeigen

Erzählen   Am Tisch

Wie kann ich Menschen von hinten darstellen?

Die rückwärtige Ansicht des Männchens wirkt häufig ein wenig melancholisch.
Gleiches wird beim Anblick der Bilder aus der Zeit der Romantik empfunden.
Erinnert sei hier etwa an Caspar David Friedrich.

Zujubeln   Schauen   Winken

Empfangen   Abschied   Zuwenden

Wie kann ich Menschen im Liegen darstellen?

Das liegende Männchen eignet sich um Entspannungsmomente darzustellen. Die ursprüngliche Sternenform wird aufgelöst und durch drei Dreieckformen ersetzt. Hierbei kommt es entscheidender als beim Sternmännchen auf die genauen Proportionen an.

Schritt 1   **Schritt 2**

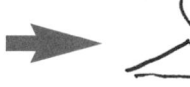

Schritt 3

Eine prozesshafte Darstellung von Aufstieg, Fall und Wiedererwachen einer Persönlichkeit kann mittels dieser Grundtechnik in Kombination mit der Seitenansicht
eines Menschen erreicht werden. Zudem sind auf diese Weise eine Vielzahl von
sport- und physiotherapeutischen Abbildungen realisierbar. Die Proportionierung
der Anatomie erfordert etwas mehr Sorgfalt als die Frontansicht – bedingt durch
die komplexere Darstellung.

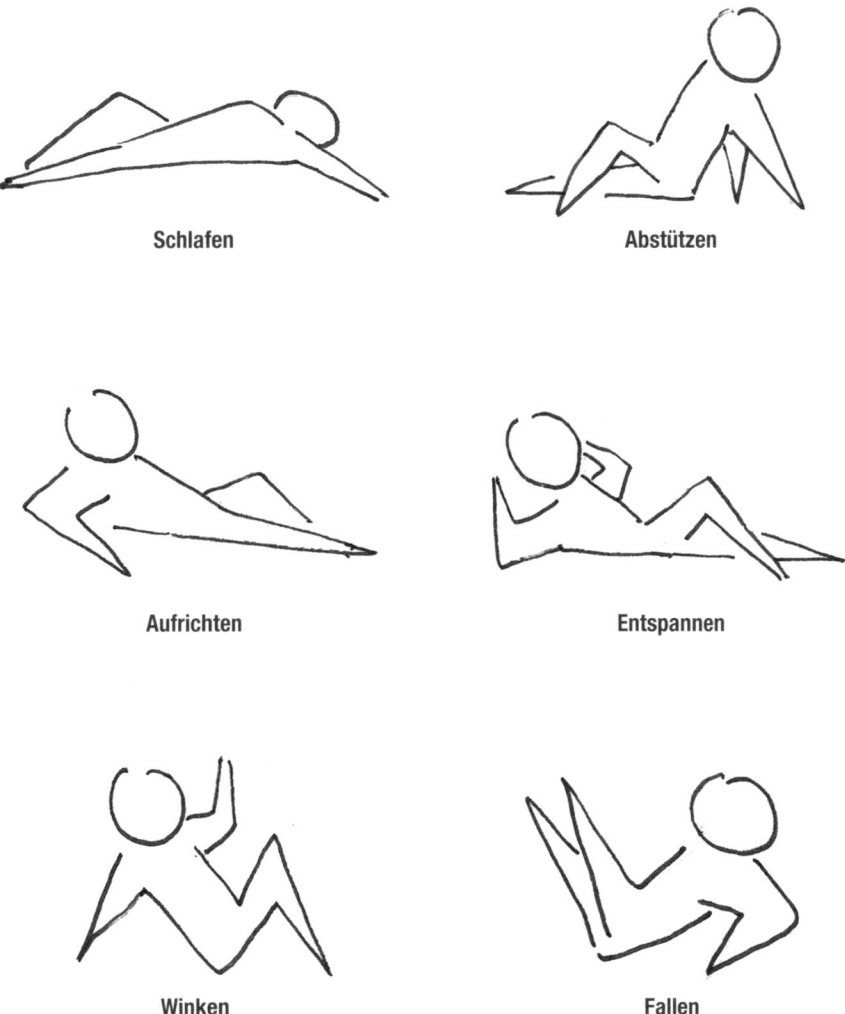

Schlafen Abstützen

Aufrichten Entspannen

Winken Fallen

Wie kann ich Hände und Füße visualisieren?

Gerade Hände gehören zu den schwierigsten zeichnerisch umzusetzenden Elementen. Selbst namhafte Künstler wie etwa Caspar David Friedrich haben diese Körperpartie gern versteckt oder sogar von anderen Künstlern malen lassen.

Auch hier gibt es einen Trick. Daumen und Zeigefinger werden genauso wie der Fuß zu langgezogenen Dreiecken abstrahiert.

Schritt 1   Schritt 2

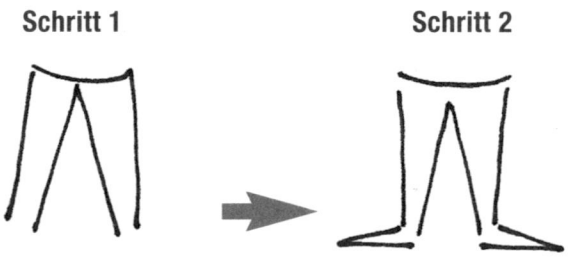

Schritt 1   Schritt 2

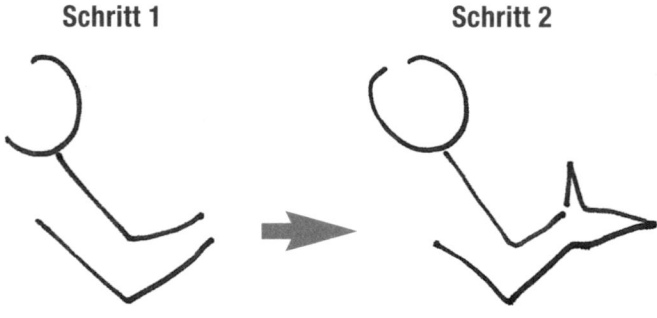

Anders als der Körper des Sternmännchens, welcher anatomische Unkorrektheiten eher verzeiht, kommt es bei Händen und Füßen auf genaue Proportionen an. Folgende Regeln sind zu beachten:

1. **Am Ende der Gliedmaßen muss eine kleine Lücke gelassen werden.**
2. **Hände und Füße sollten in jedem Falle immer kleiner als der Umfang des Kopfes sein.**
3. **Der Daumen muss immer kürzer sein als der Zeigefinger.**

Ist erst einmal das Grundprinzip der Handform verinnerlicht, lassen sich daraus durch leichte Formveränderungen neue Stellungen und Ausdrucksweisen erzeugen.

Nach oben offen	Zeigen	Faust	Ausgestreckt

Praxistipp: Trotz der starken Vereinfachung ist das Zeichnen der Extremitäten anfänglich eher schwierig. Einige kleine Übungseinheiten sind hier dringend angezeigt, um sich in der Praxis nicht mit den Proportionen zu verschätzen.

Die Abbildung der Faust eignet sich hervorragend, um dem Männchen etwas in die Hand zu geben. Der Gegenstand muss lediglich im Hintergrund der Hand platziert werden.

Die Abbildung von Händen und Füßen eröffnet eine zusätzliche Erweiterung von Dynamik und Ausdruckskraft. Das Männchen erhält noch menschlichere Züge. Mit unterschiedlichen Handstellungen wird eine Kombination von mehreren Handlungen erreicht.

Bedeuten   Fragen   Konzentriert

Halten & Zeigen   Analysieren   Zeigen & Geben

Neben den Gegenständen, welche problemlos in die Faust gegeben werden können, ist die andere Hand frei, um eine zusätzliche Handlung zu visualisieren.

Schraubenschlüssel   **Buch**   **Zettel**

Schon mit drei bis vier Dreiecken lässt sich eine geöffnete Handfläche darstellen.

Winken   **Abstützen**   **Jubeln**

Wie kann ich Frauen darstellen?

Für die vorliegende Sternenabstraktion des Männchens eignen sich, um einen weiblichen Charakter zu erzeugen, vordergründig die Frisur, typische Accessoires und charakteristische Kleidungsstücke. Konkrete anatomische Merkmale sollten schon mit Blick auf die Gefahr einer Karikatur vermieden werden.

Um Frisuren abzubilden bietet sich auch hier – anders als häufig vom Laien versucht – die flächige Darstellung an. Das einzelne Haupthaar tritt in den Hintergrund.

Praktisch lässt sich eine Frauenfrisur in drei zeichnerischen Schritten bewältigen:

Schritt 1   **Schritt 2**

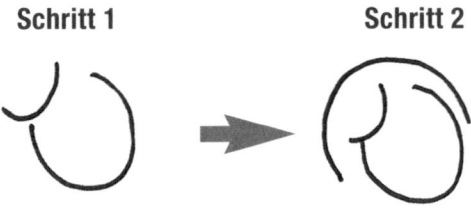

Schritt 3

Frisuren haben aufgrund ihrer Vielfalt den Vorteil, Menschen individualisieren und konkretisieren zu können. Die Darstellung von Unterschieden – aber auch von Zugehörigkeiten – wird auf diese Weise erleichtert.

Hell Dunkel Gewellt

Locken Dutt Zopf / Pony

Charakteristische weibliche Kleidung und Accessoires lassen sich in aller Regel mit wenigen Strichen realisieren. Hingewiesen sei an dieser Stelle aber darauf, dass der Stil häufig von der kulturellen Prägung abhängt und somit nicht überall im gleichen Maße Anwendung findet.

Kleid   **Bluse**   **Badeanzug**

Schmuck   **Tasche**   **Hut**

Praxistipp: Der Mensch sollte immer zuerst gezeichnet werden und erst später alle weiteren Accessoires. Wenn notwendig kann, wie bei der Abbildung „Kleid", eine entsprechende Lücke gelassen werden.

Hintergrund dieser Vorgehensweise ist der Umstand, dass Menschen schwieriger zu zeichnen sind als etwa Kleidung und Gegenstände.

Wie kann ich Männer darstellen?

Auch bei der männlichen Darstellung sorgen vor allem Haartracht, Kleidung und Accessoires für Klarheit und individuelle Charakteristik.

Bei den Frisuren sind vor allem kurze Haarschnitte angezeigt.

Praktisch lässt sich eine Männerfrisur in drei zeichnerischen Schritten bewältigen:

Schritt 1   **Schritt 2**

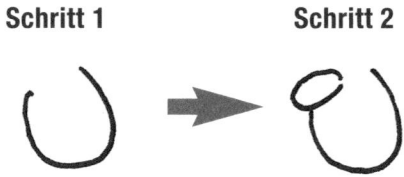

Schritt 3

Bestimmte Frisuren sind nach wie vor eher als typisch männlich einzuordnen. Selbstredend sind in der Gesellschaft sowohl Frauen mit kurzen Haaren als auch Männer mit langen Haaren präsent. Konkretisieren lässt sich der Haarschopf durch das Hinzufügen des Namens des Darzustellenden. Hilfreich sind auch Kombinationen mit entsprechender Kleidung.

Igelschnitt   Locken   Dunkle Haare

Lichtes Haar   Seitenscheitel   Zerzaust

Auch bei Männern gibt es charakteristische Kleidungsstücke und Accessoires, die je nach kultureller Prägung allerdings variieren.

Hemd Krawatte Badehose

Koffer Hut Blaumann

Wie kann ich Kinder darstellen?

Die Anatomie des Sternmännchens erlaubt die Darstellung von Kindern schon durch Veränderung der Proportionen. Kinder zeichnen sich im Gegensatz zu Erwachsenen durch kurze, kompakte Gliedmaßen aus.

Genau wie bei Frauen und Männern lässt sich die kindliche Charakteristik darüber hinaus mit Frisur, typischen Accessoires und Kleidung konkretisieren.

Praktisch lässt sich eine Kinderfrisur in drei zeichnerischen Schritten bewältigen:

Schritt 1   **Schritt 2**   **Schritt 3**

Die Frisur wirkt noch kindlicher, wenn der Kindeskopf eher rundlich gezeichnet ist, der Kopf vom Erwachsenen hingegen mehr einem Oval gleicht.

Bei genauer Betrachtung kann die Feststellung getroffen werden, dass die Kinderfrisuren sich sonst nur unwesentlich von denen der Erwachsenen unterscheiden.

Zöpfe   Igelschnitt

Locken   Stietz

Pferdeschwanz   Mittelscheitel

Je nach Kleidung und Accessoires lassen sich unabhängig von den genauen Proportionen Entwicklungsstufen vom Säugling bis zum Schulkind abbilden. Die Sternchenform zeigt sich auch hier enorm flexibel und eröffnet eine Vielzahl von Möglichkeiten.

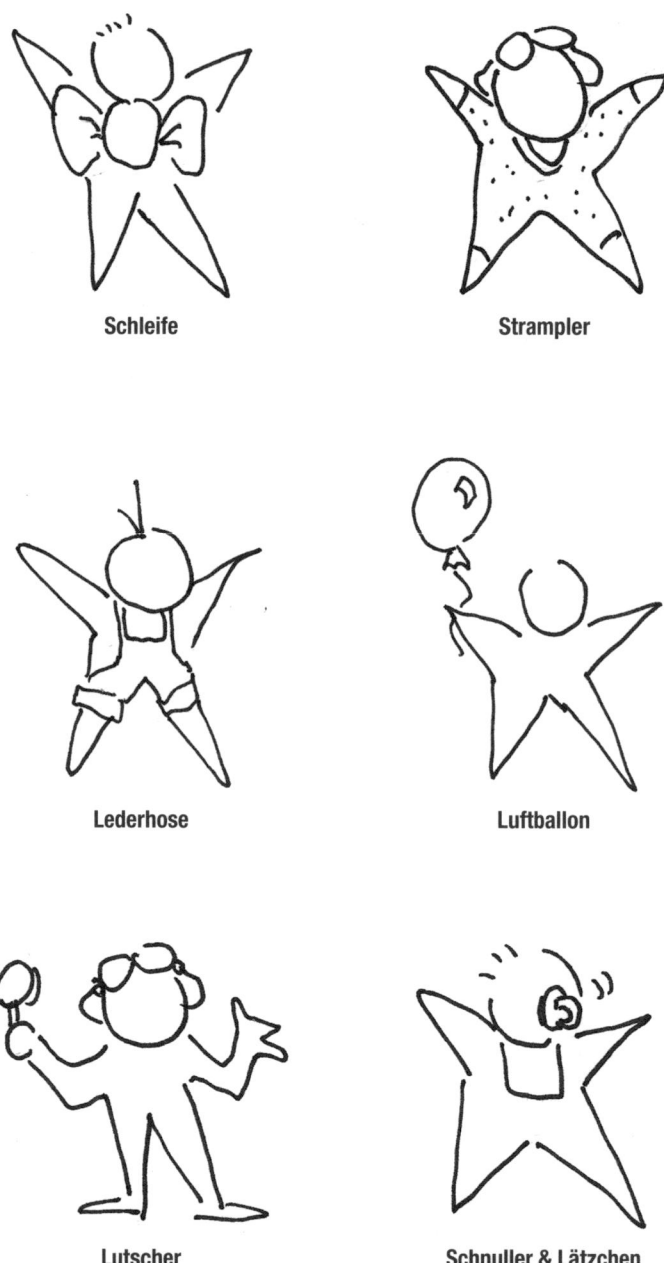

Schleife

Strampler

Lederhose

Luftballon

Lutscher

Schnuller & Lätzchen

Wie wird Dynamik und Bewegung erzeugt?

Dynamiklinien sind in der Visualisierung ein vielseitiges Werkzeug. Sie erhöhen und konkretisieren den Fokus des Betrachters. Ein weiterer Vorteil ist, dass sich Dynamik häufig durch sehr einfache Strichkombinationen erzeugen lässt.

Die Vielfalt von Dynamiklinien ist sehr groß, so dass hier nur eine kleine Auswahl besonders für die Prozessbegleitung nützlicher Linien wiedergegeben werden kann.

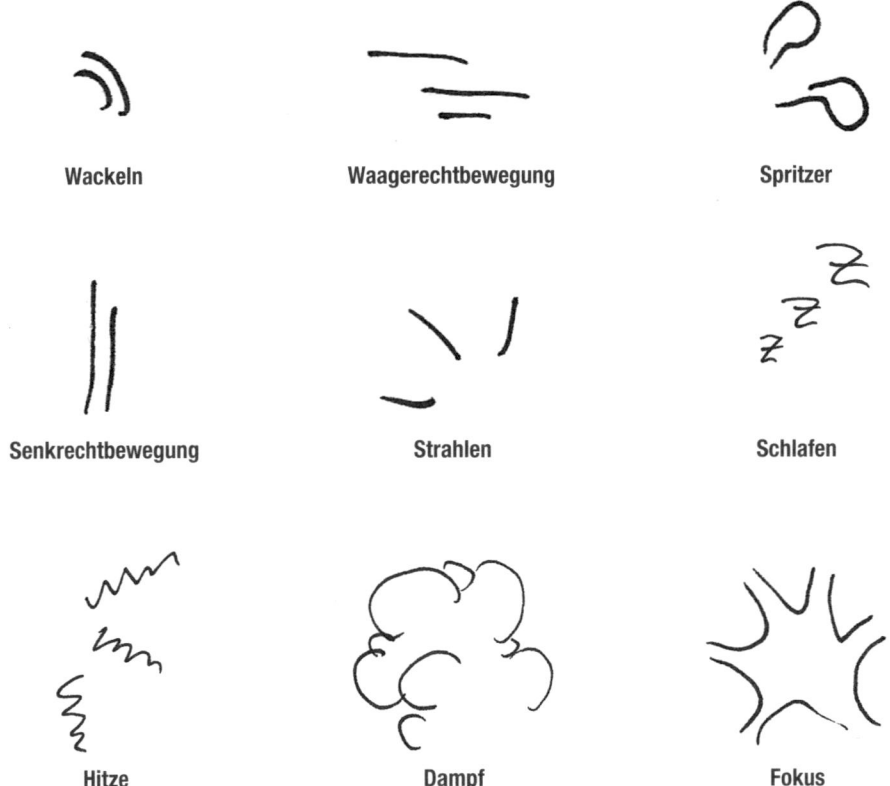

Wackeln	**Waagerechtbewegung**	**Spritzer**
Senkrechtbewegung	**Strahlen**	**Schlafen**
Hitze	**Dampf**	**Fokus**

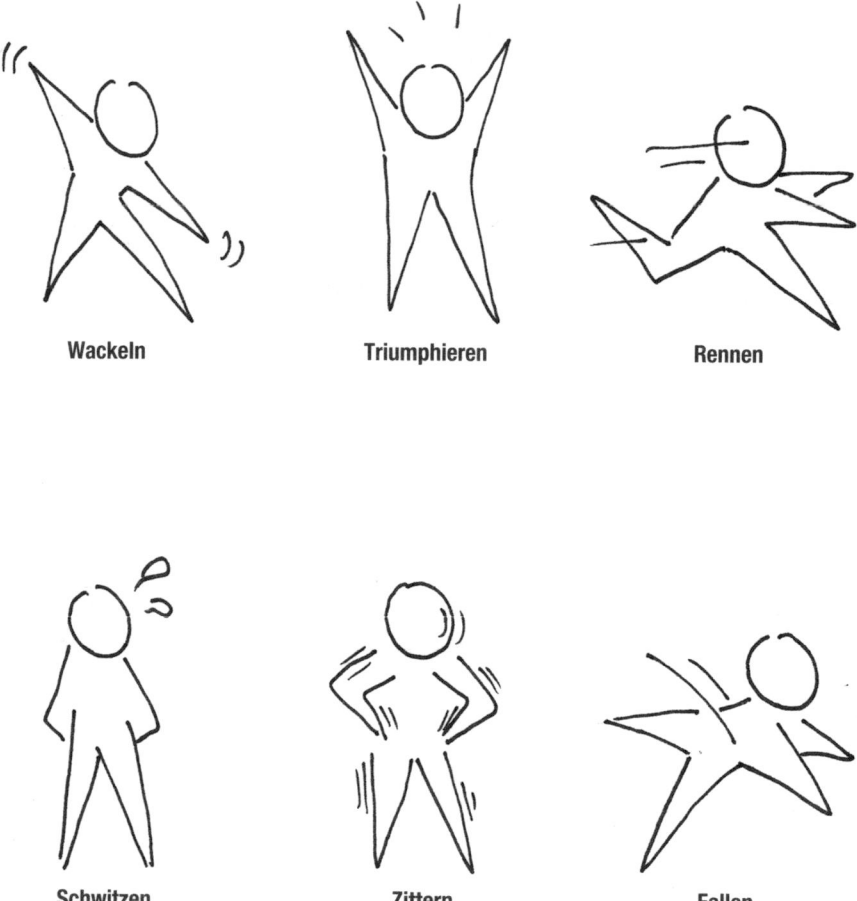

| Wackeln | Triumphieren | Rennen |

| Schwitzen | Zittern | Fallen |

Praxistipp: Meist genügen bereits zwei bis drei Dynamikstriche, anderenfalls droht der Abbildung eine Überfrachtung. Motto auch hier: Weniger ist mehr!

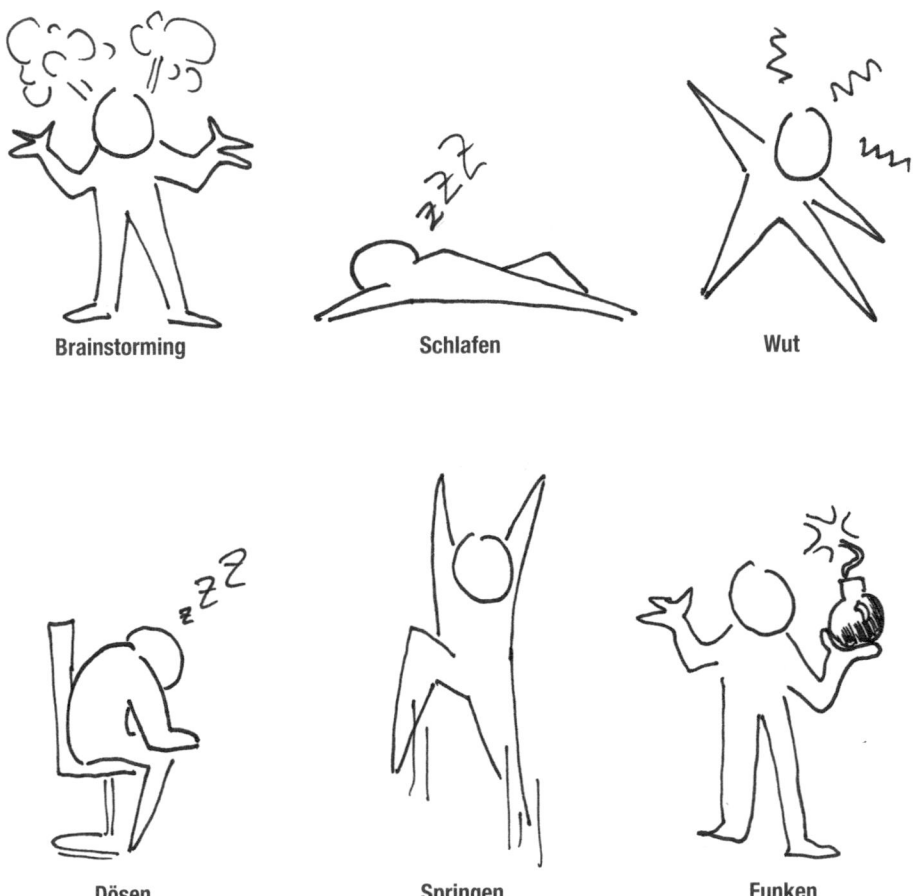

Brainstorming · Schlafen · Wut · Dösen · Springen · Funken

Praxistipp: Die hier empfohlenen Möglichkeiten der Visualisierung von Dynamiken sind keineswegs abschließend. Zur Erweiterung des eigenen Repertoires hilft ein Blick in nahezu jedes Comic-Heft, ganz gleich ob es sich um japanische Mangas, italienische Fumettis oder klassische Disney-Produktionen handelt.

Dynamiklinien lassen sich darüber hinaus kombinieren. Dadurch entstehen neue Ausdrucksformen in Bewegung und Emotionalität.

Wackeln & Schwitzen   Wackeln & Fokus   Schnell & Zielgerichtet

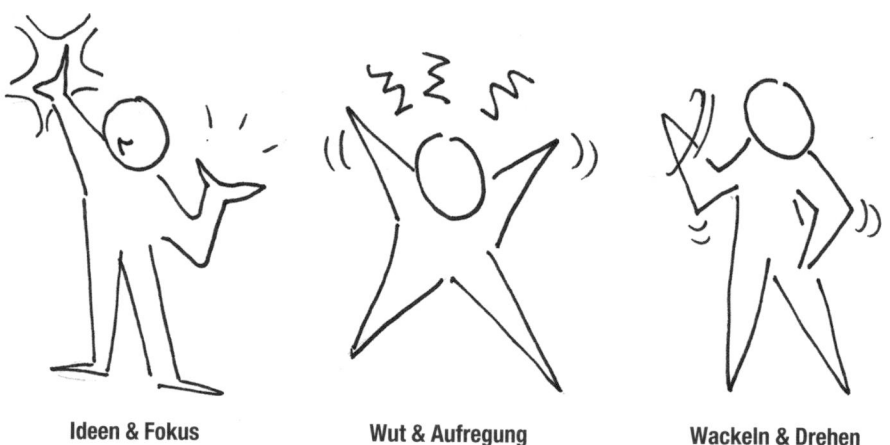

Ideen & Fokus   Wut & Aufregung   Wackeln & Drehen

Kann die menschliche Abbildung noch stärker vereinfacht werden?

Das Männchen noch weiter zu vereinfachen, macht aus vielerlei Gründen Sinn. Es spart Zeit, Platz und Aufmerksamkeit, reduziert den abzubildenden Inhalt auf das Wesentliche und eröffnet häufig den Raum in die Dreidimensionalität mit einfachsten Mitteln.

Durch **Reduktion** des Körpers auf Büstenansicht lässt sich die überwiegende Anzahl menschlichen Handelns bequem und anschaulich darstellen.

Erklären   Zusehen   Geschäft

Naschen   Frage   Wichtig

Ein Großteil des Körpers lässt sich gut hinter Gegenständen **verstecken**. Vorteil hierbei ist, dass anders als bei der Büstenansicht auch ein Kontext hergestellt werden kann, egal ob es sich um eine ausgeführte Tätigkeit handelt oder um Raumgewinn für Texte und Überschriften.

Flipchart · Schild · Rednerpult

Tischplatte · Stuhllehne · Mauer

Wie werden Menschen in Beziehung gestellt?

Um Menschen in Beziehung zu stellen, eignen sich sowohl Frontal-, Seiten- als auch Büstenansicht. Mit Hilfe von pointierten Dynamiken und Symbolen lassen sich insbesondere abstrakte, nicht-materielle Begriffe visualisieren.

Zuwendung	Ausgleich	Win-Win
Liebe	Austausch	Einigung

Praxistipp: Um eine möglichst wenig aufwendige Zeichnung zu erstellen, lohnt es sich gelegentlich zu tricksen: Bei der Abbildung „Einigung" fällt erst beim zweiten Blick auf, dass hier „anatomischer Surrealismus" vorliegt.

Körperhaltung und handlungstypische Gegenstände sorgen zusätzlich für das Verständnis komplexer Beziehungssituationen.

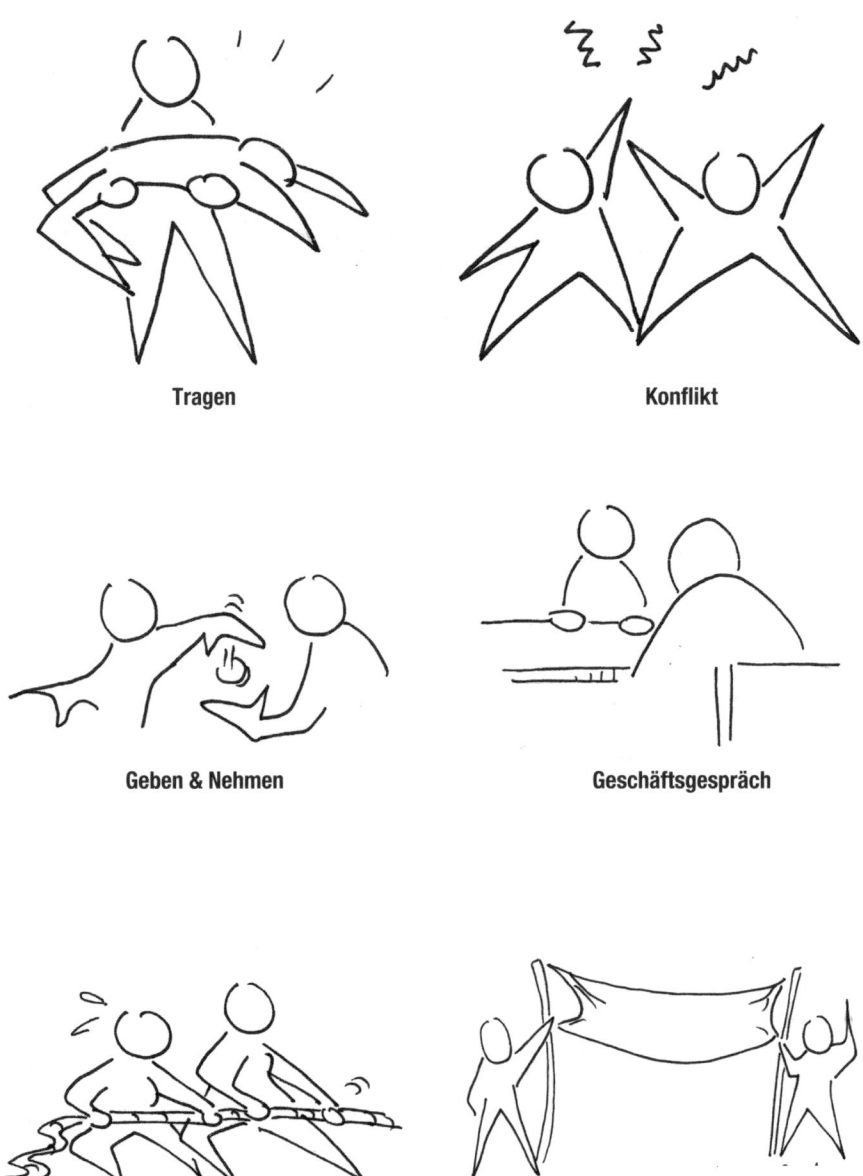

Tragen

Konflikt

Geben & Nehmen

Geschäftsgespräch

Gemeinsam

Demonstration

Wie werden Gruppen dargestellt?

Die Bestrebung möglichst viele Personen zu zeichnen, um eine ganze Gruppe abzubilden, führt oft zu einem wenig befriedigenden Ergebnis: Diese Art der Herangehensweise ist zeitaufwendig, Figuren schweben zusammenhanglos im luftleeren Raum und es wird Platz verschwendet.

Entscheidend kommt es auf die Vereinfachung der Männchen an.

Schritt 1 **Schritt 2**

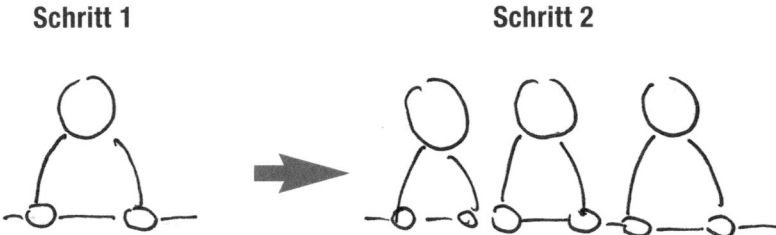

Die schnell gezeichnete Büstenansicht eignet sich gut zur Vervielfältigung von Personen nebeneinander.

Schritt 1 **Schritt 2**

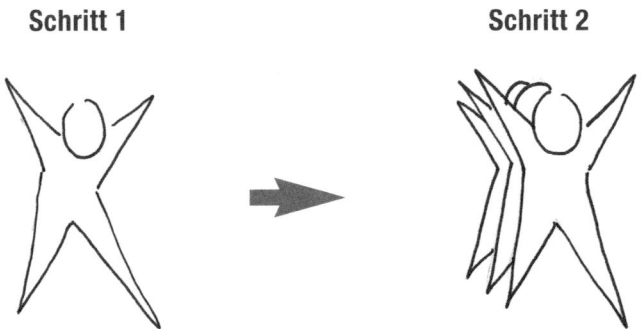

Wird die Umrandung eines Männchens auf einer Seite leicht versetzt nachgezogen, so ergibt sich eine Optik, als stünden mehrere Personen hintereinander.

Die Abbildung von drei oder vier Personen reicht häufig aus, um eine größere Gruppe zu suggerieren. Einzelne Personen stehen hier für eine unbestimmte Vielzahl an Beteiligten.

Training   **Rennen**   **Mobbing**

Bei der Darstellung einer besonders großen Gruppe kommt es entscheidend auf die größtmöglichste Abstraktion an. Dabei hilft die Vordergrund-Hintergrundoptik. Der Hintergrund wird immer kleiner und endet in winzigen Strichen und Punkten.

Familie

Konferenz

Schlange

Wie sieht ein Stuhlkreis aus?

Schritt 1

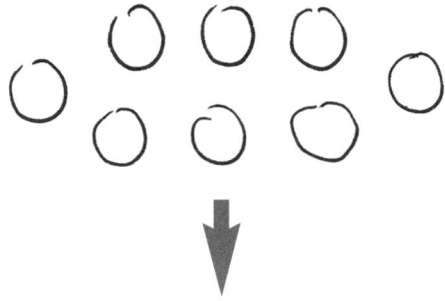

Schritt 2

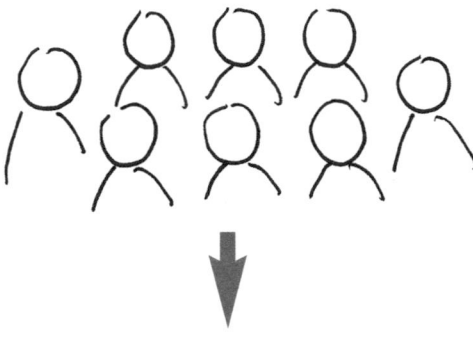

Schritt 3

Wie sieht eine Besprechung aus?

Schritt 1

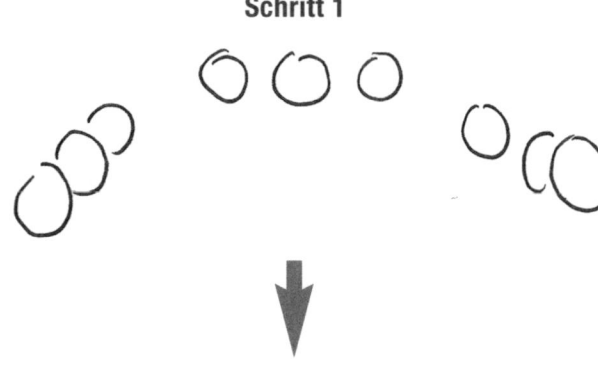

Schritt 2

Schritt 3

Wie sieht eine organisierte Gruppe aus?

Schritt 1

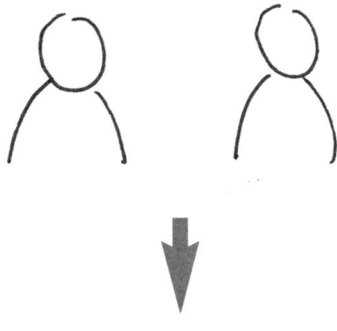

Schritt 2

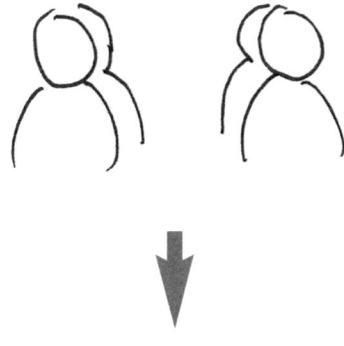

Schritt 3

Wie sehen große Menschenansammlungen aus?

Schritt 1

Schritt 2

Schritt 3

Wie werden Menschen im Zusammenhang mit Gegenständen dargestellt?

Gerade um die Präzision einer ausgeführten Tätigkeit darzustellen ist es häufig notwendig, zusätzliche Gegenstände, Werkzeuge oder sogar Landschaften hinzuzufügen, beziehungsweise mit den Personen in Zusammenhang zu stellen.

Die Gefahr, sich hier beim Zeichnen zu verzetteln, ist sehr groß. Zwei Regeln sind deshalb unbedingt zu beachten:

1. Schwer vor Leicht!
2. Vordergrund vor Hintergrund!

Erst das Männchen,
dann die Treppe

Beispiel: Würde entgegen der ersten Regel zuerst die einfache Treppe gezeichnet und erst danach das schwierigere Männchen, ist ein „Vermalen" vorprogrammiert.

Beispiel: Manchmal beißen sich die beiden Regeln. Ist die Vordergrundzeichnung sehr viel einfacher als die Hintergrundzeichnung, so kann für die Vordergrundzeichnung zunächst in der Hintergrundzeichnung eine Lücke gelassen werden.

Am einfachsten lassen sich Tätigkeiten darstellen, indem der jeweiligen Person etwas in die Hand gegeben wird. Aber auch komplexere Sachverhalte lassen sich durch gegenständliche Kontexte sehr leicht herstellen.

Hauseigentümer

Industriearbeiter

Erwartungen

Bergsteiger

Pilot

Autofahrer

Wie können Berufsbilder gestaltet werden?

Wie sehen prozessbegleitende Berufe aus?

Bei geisteswissenschaftlichen, kommunikativen Berufsbildern bietet sich vordergründig ein Arbeiten mit Abstraktionen und visuellen Metaphern an. Tatsächlich verwendete Materialien sind dabei eher zweitrangig. In der Kommunikation sind Beziehungsbilder ebenfalls sinnvoll.

Coaching   Trainerin   Teamentwickler

Präsentator   Moderatorin   Supervisor

Wie sehen typische Freiberufe aus?

Berufsbilder lassen sich mit entsprechenden Arbeitsmaterialien oder Werkzeugen einfach und kompakt darstellen.

Ärztin

Künstler

Prüfer

Architektin

Sängerin

Steuerberaterin

Wie sehen Berufe des öffentlichen Dienstes aus?

Auch berufsspezifische Kleidung trägt zur Konkretisierung der ausgeübten und gelernten Tätigkeit bei.

Bibliothekarin

Krankenpflegerin

Sachbearbeiter

Polizistin

Richter

Referent

Wie sehen Führungskräfte aus?

Vorteil der Visualisierung ist es, Führungskräften mit Hilfe von Symbolen und Accessoires einen speziellen Aufgabenbereich zuzuweisen.

Chef

Visionärin

Manager

Koordinator

Controllerin

Kapitalist

Wie sehen Dienstleistungsberufe aus?

Ganz häufig lassen sich auch Tätigkeiten direkt darstellen. Neben den verwendeten Werkzeugen unterstützen typische Körperhaltungen und Bewegungsmomente den Sinngehalt.

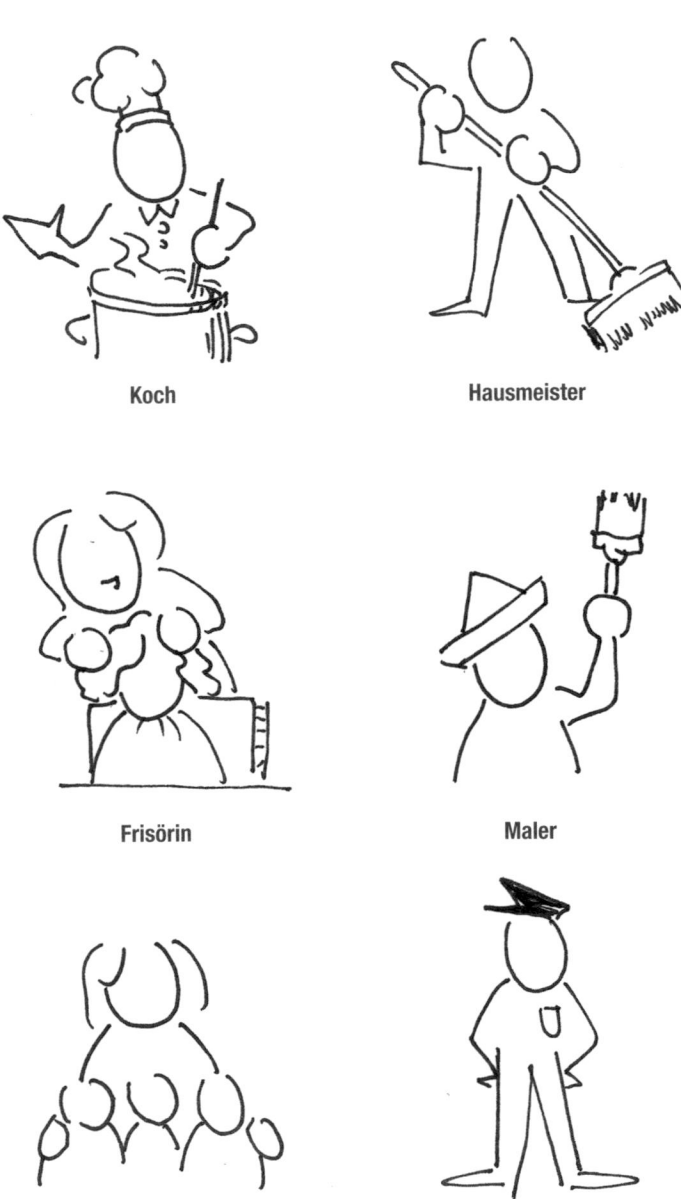

Koch

Hausmeister

Frisörin

Maler

Tagesmutter

Wachschutz

Wie sehen außendienstliche Berufe aus?

Unterwegs sind es in erster Linie die typischen Kleidungsstücke, welche die Spezifik des Berufes präzisieren.

Taucher	Jäger	Landwirt
Mechaniker	Handelsvertreter	Fischer

Wie sehen typische IT-Berufe aus?

Computer und IT-Symbolik lassen sich aufgrund der einfachen geometrischen Form sehr leicht zeichnen und sind daher in einer Vielzahl von Kontexten universell einsetzbar.

Computerexperte

Programmierer

Webdesignerin

Hardwareanalytikerin

Datenanalyst

Systemmanager

Wie kann ein Lebenslauf dargestellt werden?

Die Erfahrung hat gezeigt, dass in Bezug auf Personalfragen alles das Vorteile bringt, was gegenüber anderen Bewerbern positiv auffällt. Illustrationen sind eine sehr einfache Möglichkeit, sich von den Standardformblättern und damit von Mitbewerbern um eine Stelle abzuheben.

Geburt   Ausbildung   Abschluss

Weiterbildung   Auslandserfahrung   Referenzen

Wie lassen sich kommunikative Situationen darstellen?

Wird ein Männchen allein dargestellt, eignen sich zum Ausdruck kommunikativer Momente besonders Aktionslinien an den entsprechenden physiognomischen Stellen, das Verwenden von Symbolen und die Stellung der Hände.

Sprechen	Hören	Fragen
Wichtig	**Zeigen**	**Denken**

Häufig wird das kommunikative Moment schon durch das in-Beziehung-stellen von mehreren Personen erreicht.

Idee

Feedback

Interkulturelle Verständigung

Gespräch

Verschwiegenheitspflicht

Erklären

Praxistipp: Als überaus praktikabel erweisen sich Sprech- und Denkblasen. Zum einen drücken sie eine bestimmte Kommunikationsweise wie eben „sprechen" aus, zum anderen lassen sie Spielraum für Texte, um Fragestellungen, Gedanken, Stellungnahmen, Überschriften und Empfindungen zu visualisieren.

Gegenstände, die der Kommunikation dienen wie etwa Megaphon, Plakat, Mobiltelefon oder Verhandlungstisch, bringen die situative Kommunikation auf den Punkt.

Verhandeln   **Überlegen**

Anzeigen   **Rufen**

Telefonieren   **Gesprächsregeln**

Wie werden Menschen in internationalen Kontexten dargestellt?

Die größte Herausforderung beim Verwenden von Männchen in globalen Kontexten besteht in der Verwendung vorurteils- und wertfreier Darstellungsmöglichkeiten. Allzu groß ist die Versuchung, etwa Bayern in Lederhosen und Dirndl darzustellen, wenn möglich noch mit Weißwurst und Sauerkraut.

Wird in einem Seminar in Deutschland die Aufgabe gestellt, beispielsweise den Begriff „Moskau" in eine Zeichnung umzusetzen, kommen als Ergebnis eine Reihe von abgebildeten Wodkaflaschen, Panzer mit rotem Stern oder Hammer und Sichel heraus. Diese Dinge sind selbstverständlich unzeitgemäß und vorurteilsbehaftet, wenn nicht sogar beleidigend.

Ungeeignet!

Die klischeehafte Darstellung vom Franzosen mit Baskenmütze, wird von nahezu 100 Prozent der hiesigen Bevölkerung nicht als diskriminierend angesehen, obwohl diese Kopfbedeckung heutzutage eher selten auf Frankreichs Straßen anzutreffen ist. Gleiches gilt für den Chinesenhut. Lediglich historische Kontexte ließen sich so darstellen. Selbst die entwürdigende Abbildung des Afrikaners ist erschreckenderweise heute selbst in Europa nicht unüblich. Beispiele hierfür sind etwa der belgische Comic-Zeichner „Danny" oder die Verpackungsaufmachung des spanischen Schokosnacks „Congolitos".

In interkulturellen Kontexten sollte zunächst immer darauf geachtet werden, die Darzustellenden nicht zu karikieren oder gar zu verletzen. Schnell wird hier das unterstützende Werkzeug zur zynischen Waffe.

Die wohl einfachste Möglichkeit, andere Nationen vorurteilsfrei und wertneutral darzustellen, ist das Verwenden der internationalen Kfz-Kennzeichen. Zum einen ist die zeichnerische Umsetzung enorm einfach, zum anderen ist auf diese Weise ohne weitere Worte bereits eine eindeutige Wort-Bild-Kombination entstanden.

Ein weiterer praktischer Vorteil ist, dass sehr viele handelsübliche Kalenderformate über ein Register der gängigsten Kennzeichen verfügen.

| Polen | Niederlande | Südafrika |

Geht es um kulturelle Abgrenzungen unabhängig von nationalen Territorien, sind nationale Hoheitszeichen nicht mehr tauglich. Eigenständige Kulturen wie Sinti und Roma, aber auch Kurden oder Tamilen, vor allem auch die afrikanischen Stammeszugehörigen, sind hiervon betroffen.

Sollte es auf eine solche Frage bei der Visualisierung ankommen, hilft im Zweifel immer die Erkundigung bei den Teilnehmenden, wie sie selbst dargestellt werden möchten. Durch dieses Einverständnis ist zumindest die so gewählte visuelle Form für den Teilnehmerkreis nicht verletzend und ausdrücklich genehmigt.

Gleiches gilt etwa in Veranstaltungen mit Angehörigen mehrerer Hautfarben. Der Wille der Teilnehmenden sollte hier im Vordergrund stehen.

Eine buchstabenunabhängige Variante der internationalen Darstellungsmöglichkeiten ergibt sich mit Blick auf Nationalflaggen und Hoheitssymbole. Von letzteren ist allerdings aufgrund ihrer hohen Komplexität eher abzuraten.

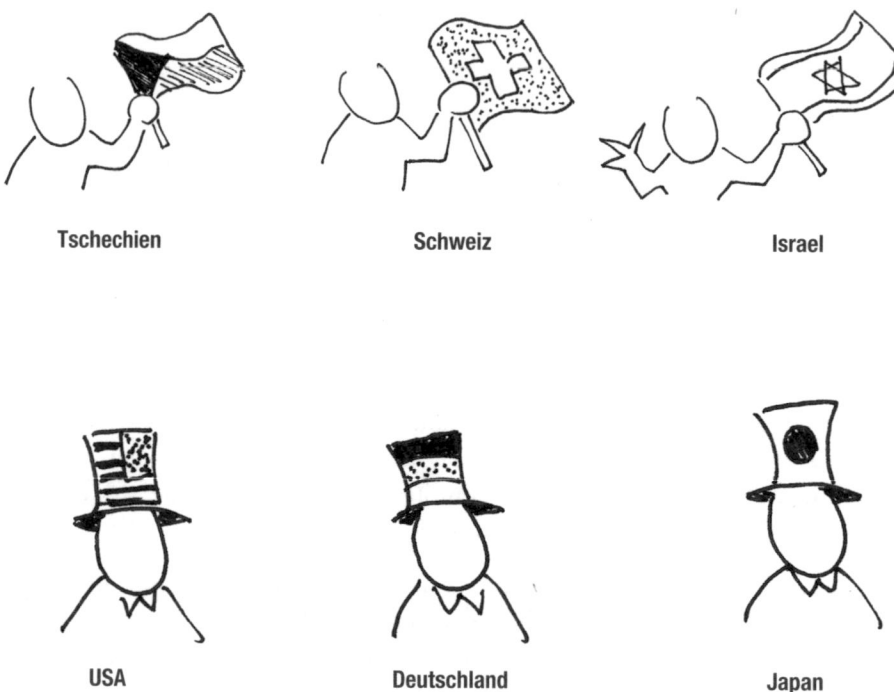

Tschechien	Schweiz	Israel
USA	Deutschland	Japan

Praxistipp: Durch Grauabstufungen, erreicht mittels Texturen und Schraffuren unterschiedlicher Stärke, können Farbunterschiede auch im s/w-Modus erzeugt werden.

Wie können Freizeit- und Pausensituationen dargestellt werden?

Erholungs- und Pausensequenzen zeichnen sich in der Regel, wenn es sich nicht gerade um sportliche Aktivitäten oder Bungeejumping handelt, eher durch verminderte Aktivität und Ruhe aus. Daher sollten Dynamiken zumeist sparsam eingesetzt werden.

Lesen	**Fernsehen**	**Schlafen**
Feiern	**Familie**	**Reisen**

Beziehungsbilder und die Abbildung mit verschiedenen typischen Accessoires konkretisieren die Art der Freizeitgestaltung.

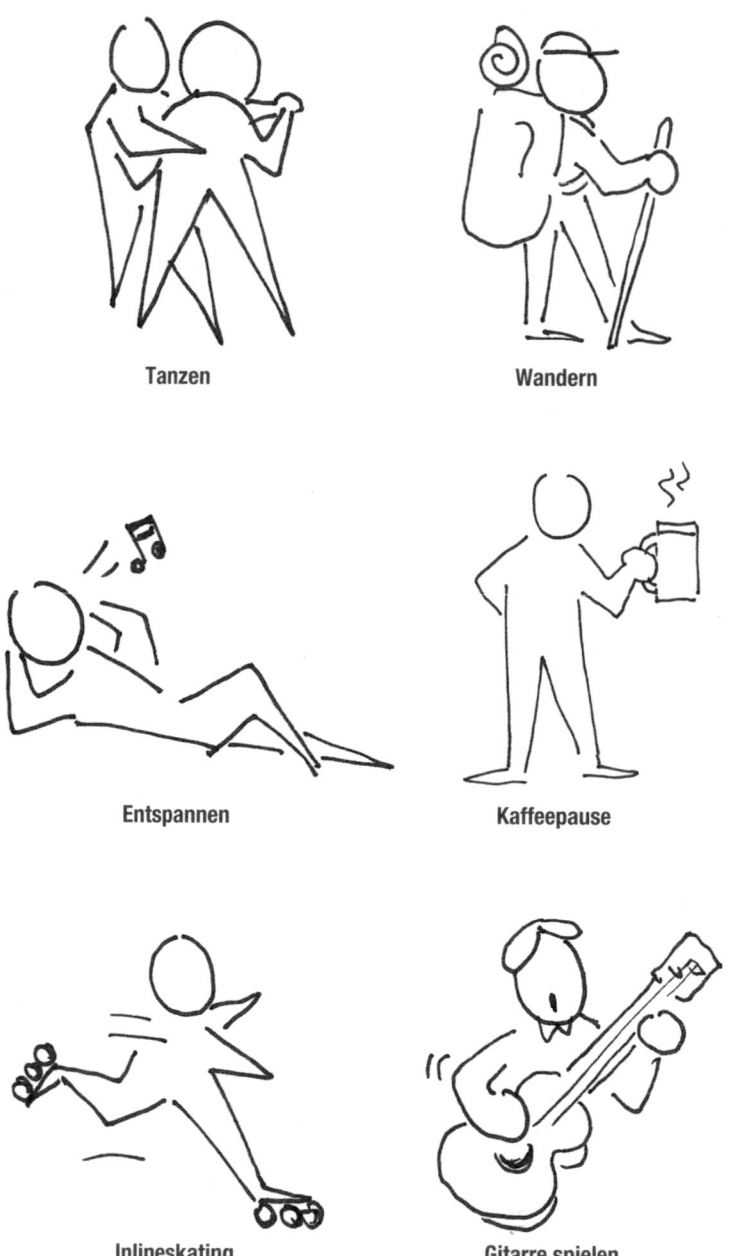

Tanzen   **Wandern**

Entspannen   **Kaffeepause**

Inlineskating   **Gitarre spielen**

Für bestimmte Freizeitaktivitäten finden sich gelegentlich auch individuelle Material-
und Bekleidungsmuster.

Gartenarbeit

Essen

Karten spielen

Angeln

Motorrad fahren

Bowling

Wie werden sportliche Aktivitäten dargestellt?

Anders als bei den Ruhesequenzen kommt es beim Sport sehr viel stärker auf dynamische Akzente an. Das betrifft sowohl die charakteristische Körperhaltung als auch die Dynamiklinien.

Golf   Schach   Bob

Ski   Rudern   Fußball

Praxistipp: Sportgeräte und das benötigte Equipment reichen meistens schon aus, um die konkrete Sportart darzustellen. Die Verbindung mit der menschlichen Darstellung verleiht dem Ganzen indes mehr Individualität, Dynamik und Aktivität.

Wie kann mein persönlicher Praxistransfer gewährleistet werden?

Üben Sie!

Visualisierung ist in erster Linie eine Fähigkeit, die, um sie auch sicher im Berufsalltag einsetzen zu können, trainiert werden muss. Möglichkeiten zum Üben gibt es viele: Visualisieren Sie zunächst Ihre Telefonate, Besprechungen, Aufzeichnungen und Notizen für sich selbst. Damit haben Sie bereits den ersten Transferschritt geschafft.

Schaffen Sie sich ein Standardrepertoire!

Die Erfahrung zeigt, dass es zunächst einfacher ist, sich auf zwei bis drei leicht zu zeichnende Figuren zu beschränken, die dann in Ihrer Praxis häufiger Verwendung finden. Damit gewinnen Sie Sicherheit und vor allem Spaß an der Weiterentwicklung der eigenen Fähigkeiten.

Haben Sie Mut sich zu „vermalen"!

Subjektiv schlecht empfundene Zeichenleistungen werden gern und schnell durchgestrichen, wegradiert oder zerknüllt in den Papierkorb geworfen. Gehen Sie deshalb vielmehr positiv an scheinbar „misslungene" Zeichnungen heran und schauen Sie, was daraus noch gemacht werden kann. Nicht selten ergeben sich infolgedessen völlig neue Aspekte, die Raum für eine Weiterentwicklung des eigenen Repertoires schaffen.

Bildverzeichnis

KörperSprache kompakt

80 Seiten, kart. • € (D) 9,95 • ISBN 978-3-87387-662-0

SABINE MÜHLISCH

»Fragen der KörperSprache«

Antworten zur non-verbalen Kommunikation

Sabine Mühlisch versteht KörperSprache als ganzheitliches Geschehen, als einen Weg der Seele, unbalancierte innere Geschehnisse auf der Bühne des Körpers ins Bewusstsein zu bringen. Der Körper transportiert dabei die Seele nach außen und zeigt die jeweilige Identität und Persönlichkeit.

Der Leser erhält eine pragmatische Übersicht über die symbolischen Bedeutungen der einzelnen Körperbereiche, um so die Botschaften der KörperSprache selbstständig zu übersetzen und zu deuten. Diese Hilfe ermöglicht es, sich selbst und andere besser zu verstehen und auf der grundlegenden Ebene des Denkens und Fühlens adäquat zu handeln. Die Autorin beantwortet zahlreiche Fragen, die immer wieder im Zusammenhang mit KörperSprache auftreten.

Sabine Mühlisch ist seit 1986 selbständig als Coach und Trainerin tätig. Ihre Trainingsreihen und Seminare entwickelte sie auf Grundlage von Samy Molchos Arbeit.

Erfolgsfaktor Stimme

80 Seiten • € (D) 9,95 • ISBN 978-3-8387-704-7

REIHE KOMMUNIKATION • Stimmtraining

ARNO FISCHBACHER

»Geheimer Verführer Stimme«

Soft Skills kompakt Bd. 7

Stimme wirkt. Sie verrät Ihre innersten Regungen. Sie bestimmt, wie Sie von anderen wahrgenommen werden. Die Stimme ist ein Schlüsselreiz in der Kommunikation. Sie signalisiert, ob Sie meinen, was Sie sagen. Ihr Ton lässt hören, ob Sie zu Ihrem Anliegen stehen. Stimme und Sprechweise werden so zum Gradmesser Ihrer Authentizität. Was aber ist eine »gute« Stimme? Welche unerwünschten Wirkungen kann Stimme haben und mit welchem Aufwand lässt sich die eigene Stimme trainieren?

Als Stimmcoach und Experte für den Wirtschafts- und Karrierefaktor Stimme gibt Arno Fischbacher klare Antworten und zeigt, inwieweit die Stimme ein Schlüssel zum Herzen, aber auch zum beruflichen Erfolg ist. Notfalltipps sowie Sieben-Sekunden-Übungen für mehr Stimmfitness runden das Buch ab.

Arno Fischbacher, geb. 1955, Stimmcoach und Rhetoriktrainer. Initiator und Vorstand von www.stimme.at, dem europäischen Netzwerk der Stimmexperten.